大展好書　好書大展
品嘗好書　冠群可期

大展好書　好書大展
品嘗好書　冠群可期

▶ 輕鬆學武術 2 ◀

四十二式太極拳

（附 VCD）

王 飛 編著

大展出版社有限公司

天人
合一
与时
俱进

为晨练丛书题
蔡龙云

作 者 簡 介

　　王飛，男，1969 年 2 月生。武漢體育學院武術系講師。自幼隨父母學習形意拳、八卦、太極拳，多次獲得湖北省武術比賽個人全能冠軍。1986～1990 年就讀於武漢體育學院運動系，代表武漢體育學院參加全國武術錦標賽並獲得一類拳術第四名的優秀成績。1991～1995 在武漢市江漢大學工作，多次帶隊參加省高校武術比賽，並獲得金、銀、銅共計 30 多枚獎牌的優秀成績。1995 年調入武漢體育學院武術系工作，組建太極拳隊參加 1997～1999 年的全國太極拳錦標賽，共獲得金牌 5 枚、銀牌 3 枚、銅牌 10 枚。2000 年 9 月赴緬甸國家武術隊執教，所帶太極拳選手獲得 2000 年亞洲武術錦標賽太極拳亞軍。

聞雞起舞是中國人晨練的寫照，直到今天，迎著初升的朝陽，沐浴著陣陣晨風翩翩起舞仍是中國人最常見的鍛鍊身體的方法。在晨練的人群中，習武者頗多，其中練太極拳和木蘭拳的人就不少，在許多地方早已是蔚然成風。

　　武術是中國傳統文化的一部分。傳統文化既有民族性又有時代性。葉朗先生說：「傳統是一個發展的範疇，它具有由過去出發，穿過現在並指向未來的變動性……傳統並不是凝定在民族歷史之初的那些東西，傳統是一個正在發展的可塑的東西，它就在我們面前，就在作為過去延續的現在。」武術正是這樣不停地發展變化著。如二十四式簡化太極拳就是為了滿足人們練習的需要，在原來太極拳的基礎上刪繁就簡創編的，一經出現就受到了廣大練習者的歡迎，至今流傳已近半個世紀，早已成了較為「年輕的傳統武術套路」了。後來的四十二式太極拳更是由各式太極拳相互融合而成，開始僅作為運動員的比賽套路，現在也成了人們晨練的內容之一。而木蘭拳是以傳統的武術為母本生長出來的新枝，開出的新花，為人們所接受，已是各地晨練不可或缺的內容。作為中國傳統文化的武術就是這樣不斷地發展者，表出出了強大的生命力，即使它的某些新的東西一時為一些人所不理

解、不接受，但它依然發展著。

　　爲滿足廣大練習者的需要，湖北科學技術出版社決定按照國家規定套路以太極拳和木蘭拳爲內容出一套「輕鬆學武術」叢書。介紹太極拳和木蘭拳的書籍已經很多，如何創新呢？後來考慮一般武術書中的「圖中人」都是面向讀者。由於動作的方向經常變化，練習者的動作方向時而和「圖中人」動作方向相同，時而又和「圖中人」的動作方向相反。對於還不十分熟悉武術動作的初學者來說，往往感到看圖學動作較爲困難，這實際上也是編寫武術圖解長期未能解決的一個難點。我們受到在教學實踐中教師常根據學生練習時身體方向的不同，不斷地變換領做位置的教法的啓發，想到用正反兩套圖來編寫這套書，也算是一個大膽的嘗試，即是本書特色所在，希望能爲廣大讀者所接受和習慣。

　　我國著名武術家蔡龍雲先生爲這套叢書寫了「天人合一，與時俱進」的題詞，一方面點明了人們在晨練時人與大自然融爲一體的情景和對中國傳統哲學「天人合一」觀念的追求，同時也反映了武術要常練常新，不斷發展的思想。在此謹向蔡先生表示深切的謝意。湖北科學技術出版社蔡榮春編審從選題到編寫方法，直到審定，付出了大量的心血，在此一併致謝。

　　本叢書太極拳部分由王飛先生執筆，動作示範劉沛、吳雪琴同學；木蘭拳部分由秦子來女士執筆並動作示範。

溫　力　於妙齋

四十二式太極拳是中國武術院、中國武術協會於1989年創編的競賽套路。四十二式太極拳是以楊式太極拳爲原型，在保留楊式太極拳運動風格的同時也吸收了其它流派太極拳的內容。

　　全套四十二個動作，共分爲四段。四段分別爲：動作一至動作十爲第一段；動作十一至動作十八爲第二段；動作十九至動作二十九爲第三段；動作三十至動作四十二爲第四段。

　　在練習時，要求心靜體鬆、呼吸自然、動作柔緩、輕靈沉穩、剛柔相濟、蓄發有序。

看   圖 說 明

　　1.本書是以「蝴蝶頁」的形式編排的，即左邊雙數頁碼和右邊單數頁碼成爲一個整體，翻開任何一頁，均應將左右相鄰兩頁的內容連在一起看。

　　2.每一頁都有上下兩組圖，上面圖像較大的一組爲主圖，下面圖像較小的一組爲副圖。兩組圖的圖中示範者的動作完全相同，唯方向相反。主圖的示範者爲背向練習者起勢；副圖的示範者則是面向練習者起勢。

　　3.因主副圖中示範者起勢的方向相反，運動的前進方向也相反；同時由於在演練的過程中動作行進的方向經常變化，主副圖中示範者的動作前進方向也都隨之變化，所以在主副圖下方向分別標注的動作前進方向箭頭，讀者在看圖時首先要看清動作前進方向，且要注意將「蝴蝶頁」相鄰兩面要連起來看。

　　4.我們將主圖中的示範者定爲背向讀者起勢，在一般情況下，示範者的動作前進方向和練習者一致，所以以看主圖爲主。當主圖中局部動作因圖中示範者的身體遮擋而看不見或看不清時，可以參看副圖。當練習時身體動作轉體180°時，練習者再看主圖中的示範者的動作很不方便，此時副圖示範者正好背對練習者，副圖中示範者的動作前進方向和練習者一致，在這種情況下以看副圖爲主，參看主圖。注意，從副圖

上看動作的前進方向與主圖的前進方向相反，這是因為身體動作轉體180°所致，對於練習者來說，動作前進方向是沒有改變的。當身體動作又轉體180°回到原來的方向時，則仍以看主圖為主。在不同的情況下分別看主圖和副圖，就好像是在練習者身體前後各有一個示範者，在開始時隨身前的示範者的動作進行練習，當動作轉體180°時就隨原來的身後的示範者的動作進行練習，這正是本叢書與其他武術圖解書最大的不同之處，為讀者提供了一個來自於教學實踐的新的看圖學動作的方法，讀者只需稍加熟悉就會習慣。

5.圖中示範者身體各部位的動作由相應部位為起點的箭頭指示，箭頭所示為由該姿勢到下一姿勢的動作路線，左手和左腳的動作用虛線箭頭表示；右手右腳的動作用實踐頭表示。有些圖中有簡單的文字提示細微動作的做法和動作要領，學習時以看圖為主，參看文字說明。

6.對照本叢書來觀摩其他練習者的演練也十分方便。當被觀摩者背對觀摩者起勢時，只需看主圖；當被觀摩者面對觀摩者起勢時，只需看副圖，這樣被觀摩者的前進方向及動作都和圖中人的前進方向和動作完全一致，不會因動作方向的改變而造成看圖的不便。

7.每頁圖上的「||||||▶」為動作前進方向，也是看圖的順序，注意不是每一頁都是從左到右看，有的是從右到左看的。另外，上、下兩排主、副圖的方向正好相反，注意動作編號相同的才為同一動作。

目　錄

（5）　　　　　　　　　　　　（4）　　　　◄▌▌▌▌

兩手與肩平

右腳尖外擺

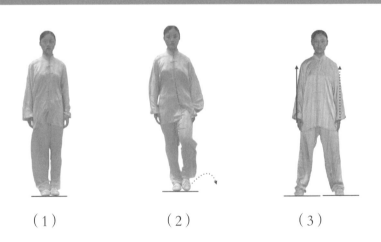

▌▌▌▌►　　（1）　　　　　　　（2）　　　　　　　（3）

【一、起 勢】

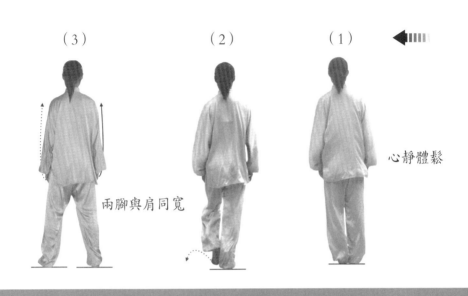

（3）　　　　　　　（2）　　　　　　　（1）

兩腳與肩同寬

心靜體鬆

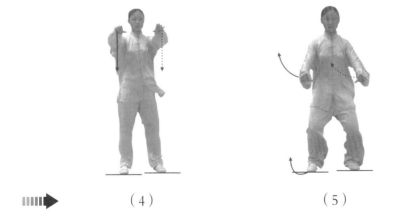

（4）　　　　　　　（5）

【二、右攬雀尾】

（6）

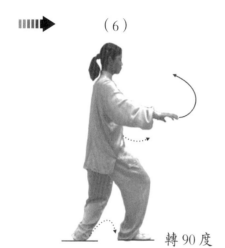

轉90度

（7）

左腳前掌著地

（9）

（8）

（8）

涵胸斂臂

（9）

右腿伸直成左弓步

（7）

（6）

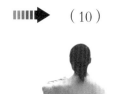 （10）

右腳收至左腳內側

（11）

（13）

（12）

（12）　　　　　　　（13）

左掌心翻向上，
右掌心翻向下，
隨重心後移，
雙手回捋。

成右弓步

（11）　　　　　　　　（10）

|||||► （14）　　　　　　　　（15）

右手背翻向前

左手輕附於右腕處

（16）　　　　　　　　　　　◄|||||

（16）

兩臂棚圓前擠
隨重心前移

（15）

（14）

（17）　　　　　　　　（18）

右掌心向上

右腳尖翹起，
隨重心後移

（20）

（19）

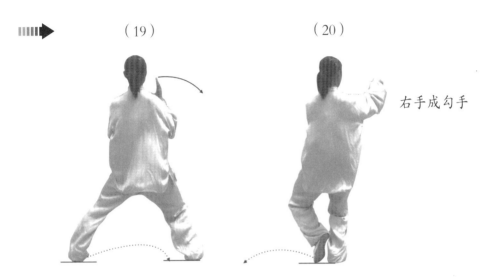

（19）　　　（20）

右手成勾手

（18）

（17）

（22）

（21）

【三、左單鞭】

（21）

（22）

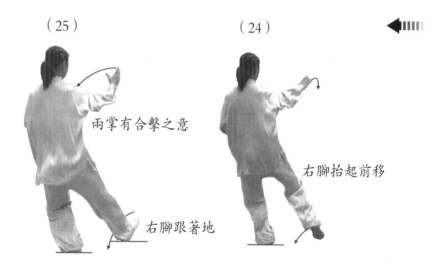

（25）

兩掌有合擊之意

右腳跟著地

（24）

右腳抬起前移

（23）

【四、提手】

（23）

左腳尖轉向前，
全腳落地

（24）

（25）

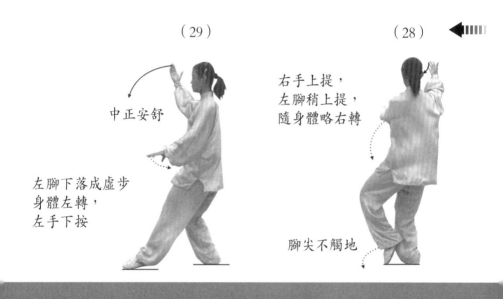

（29）　　　　　　　　　　（28）

中正安舒

右手上提，
左腳稍上提，
隨身體略右轉

左腳下落成虛步
身體左轉，
左手下按

腳尖不觸地

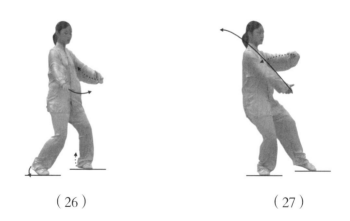

（26）　　　　　　　（27）

【五、白鶴亮翅】

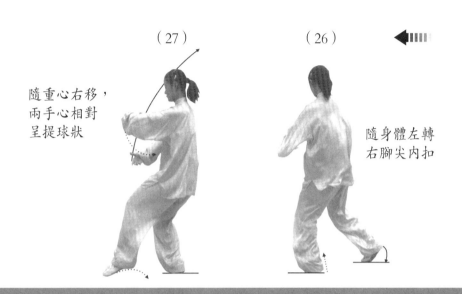

（27）　　　（26）

隨重心右移，
兩手心相對
呈提球狀

隨身體左轉
右腳尖內扣

（28）

（29）

（33）　　　　　　　　　　　　　　　（32）

前推呼氣

收手吸氣

（30）　　　　　　　　　　（31）

【六、摟膝拗步】

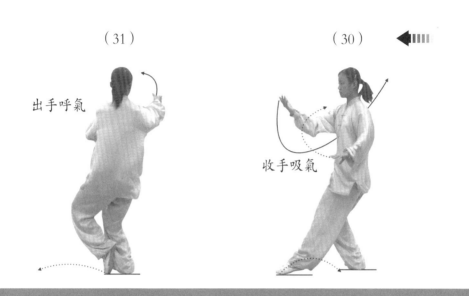

（31）　　　　　　　　　　　　　　（30）

出手呼氣

收手吸氣

（32）　　　　　　　　　　　　　　（33）

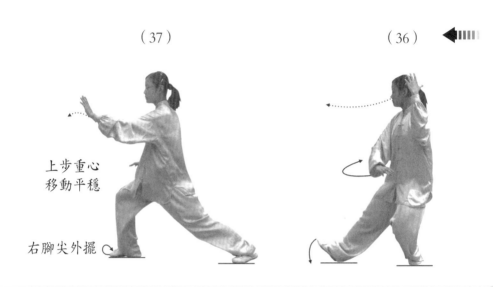

（37）　　　　　　　　　　　（36）　◄▮▮▮▮

上步重心
移動平穩

右腳尖外擺 ↙

▮▮▮▮▶　（34）　　　　　　（35）

（35）　　　　　　　　　　　　　　（34）

左腳尖外擺
隨重心稍後移

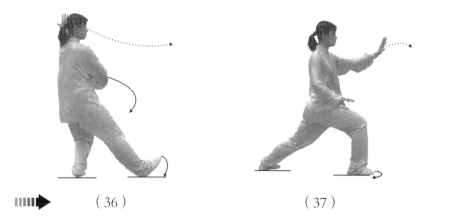

（36）　　　　　　　　　　　　　　（37）

（41）　　　　　　　（40）

此時左掌變拳

（38）　　　　　　　（39）

【七、撇身捶】

（39）　　　　　　　　　　　　（38）

隨重心前移
身體右轉約 45°
右腳外擺踩實

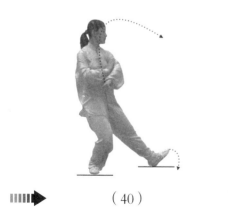

（40）

（41）

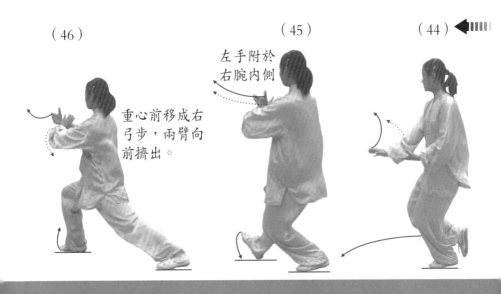

（46）

（45）

左手附於
右腕內側

（44）

重心前移成右
弓步，兩臂向
前擠出。

（42）

（43）

腳尖稍內扣

【八、捋擠式】

（43）　　　　　　　　　　　　　（42）◀▥▥

右手經左手上方
向右前方抹出

重心後移，
左拳變掌。

▥▥▶（44）　　　　　（45）　　　　　（46）

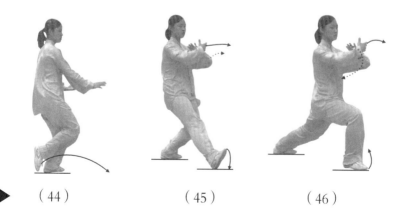

（51）　　　　　　　　　　（50）

右手附於
左腕內側

呼氣前擠

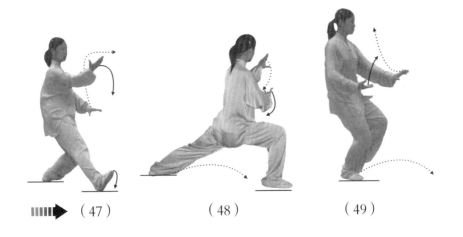

（47）　　　　（48）　　　　（49）

【九、進步搬攔捶】

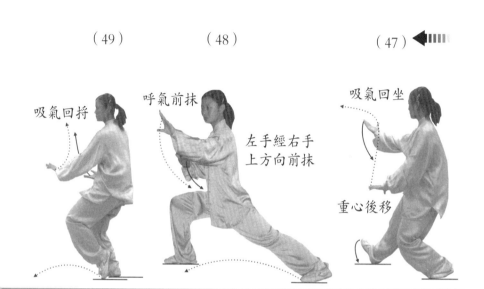

（49）　　　　（48）　　　　（47）

吸氣回挒

呼氣前抹

左手經右手
上方向前抹

吸氣回坐

重心後移

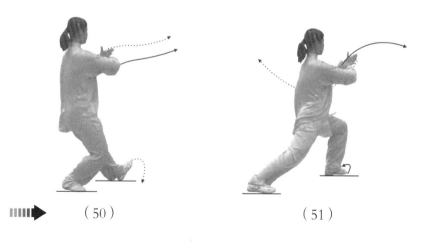

（50）　　　　（51）

（56）

（55）

左手橫攔

隨弓步左手稍下按
右拳向前沖打
左手附於右前稍內側

右拳在腰側

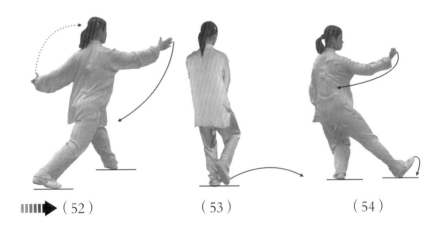

（52）

（53）

（54）

（54）（53）（52）

右拳經左手
和身體間向
前翻打

右手變拳

重心稍後移，
左腳外擺兩手
分開。

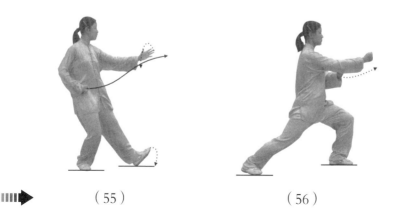

（55）（56）

（58）

右拳變掌掌心向上，
左手掌心向上
沿右臂下方向前穿出

【十、如封似閉】

（57）

左掌向下移動
附於右前臂下方

（58）

（61）　　　　　　　　　　　　　　　　　　　（60）

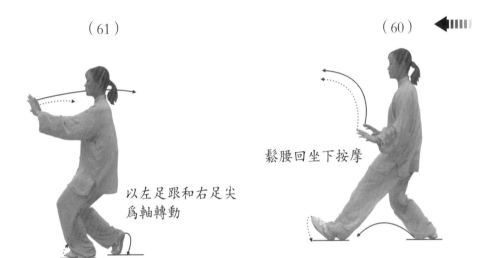

以左足跟和右足尖
爲軸轉動

鬆腰回坐下按摩

（59）

（59）

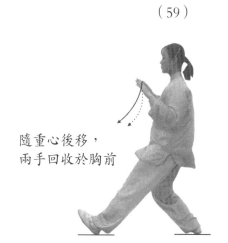

隨重心後移，
兩手回收於胸前

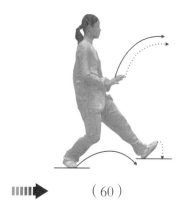

（60）

（61）

【十一、開合手】

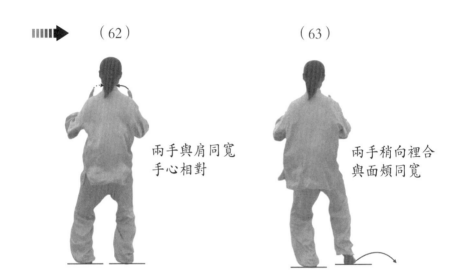

（62）

兩手與肩同寬
手心相對

（63）

兩手稍向裡合
與面頰同寬

（65）

（64）

兩手前伸
隨後左右分開

【十二、右單鞭】

（64）

（65）

兩手前伸，
隨後左右分開

橫檔步

（63）

（62）

（67）

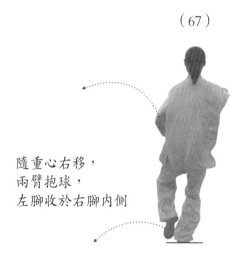

隨重心右移，
兩臂抱球，
左腳收於右腳內側

（66）

【十三、肘底捶】

（66）

上體左轉，重心左移，
兩手向左成捋式

（67）

（70）　　　　　　　　　　　　　　（69）

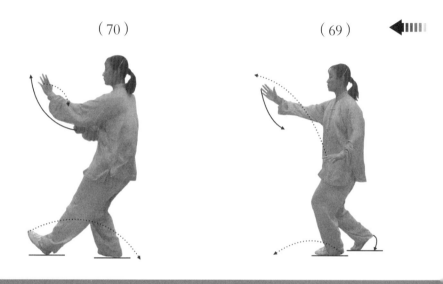

（68）

（68）

身體左轉，
左腳向左側擺腳上步

（69）

（70）

【十四、轉身推掌】

（71）

左腳向左斜
後方撤步

（72）

隨身體右轉左腳踏實，
右腳尖內扣後
重心移至右腳，
左腳跟提起成虛步

（74）

（73）

（73）　　　　　　　　　　　（74）

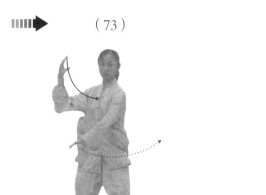

左腳向前上半步

右腳隨之跟半步

（72）　　　　　　　　　　　（71）

（75）

隨身體左轉
右腳踏實，
左腳以腳跟為軸
腳尖內扣

（76）

（78）

（77）

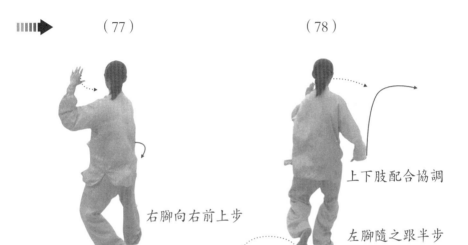

（77）
（78）

右腳向右前上步

上下肢配合協調

左腳隨之跟半步

（76）
（75）

【十五、玉女穿梭】

（79）

（80）

右手經左手上方
向右抹掌

（82）

（81）

（81）

（82）

左手輕附在
右腕內側

隨重心前移成
右弓步，右手
向左、向右、
向前畫弧至體
前。

（80）

（79）

（83）

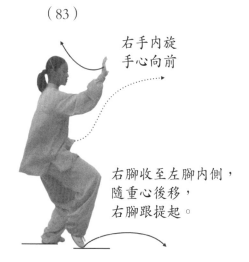

右手內旋
手心向前

右腳收至左腳內側，
隨重心後移，
右腳跟提起。

（85）　　　　　　　（84）

（84）

（84）

右腳向右斜前
出腳成弓步

（85）

（83）

（86）

隨重心前移成弓步，
右腳稍內扣，
左手經右手上方向左
斜前方推掌。

（88）

（87）

（87）

左腳回收至
右腳內側，
雙手後将。

（88）

左腳向左斜前方出步，
右手手心向前附於右手
前臂內側。

腳尖稍內扣

（86）

（89）　　　　　　（90）

右腿歇左腳內側，
右腳踩實，
左腳跟提起。

（91）

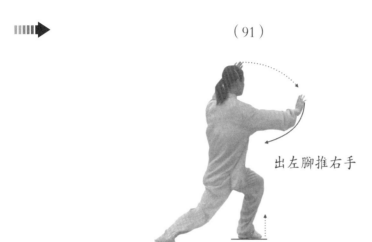

（91）

出左腳推右手

（90）　　　　　　（89）

【十六、左右蹬腿】

（92）　　　　　　　　　　（93）

右手經左手上方
向前抹出

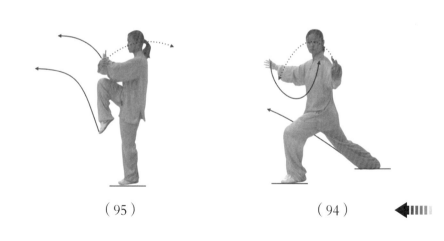

（95）　　　　　　　　　　（94）

（94）

（95）

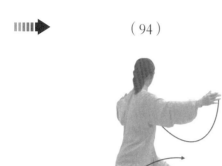

抱掌提膝

（93）

（92）

（96）　　　　　　　　　（97）

隨右腳提膝架落，
左手稍下落，
右手內旋，
手心向上。

兩手經面前向
左右分掌，
同時右腳向右
斜前方蹬腳。

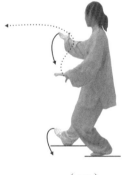

（99）　　　　　　　　　（98）

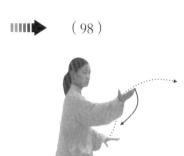

（98）

（99）

左手經右手上方
向左抹掌

（97）

（96）

（100） （101）

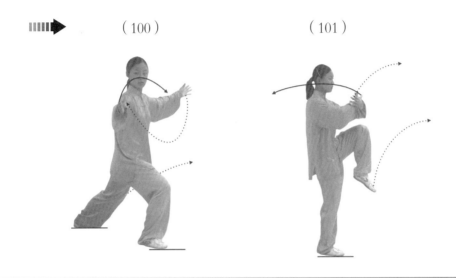

（102）

（102）

蹬腳分掌協調一致

（101）

（100）

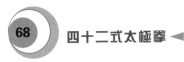
【十七、掩手肱捶】

（103）

（104）

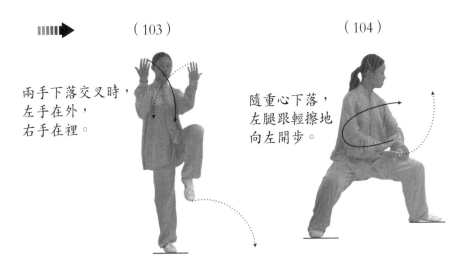

兩手下落交叉時，
左手在外，
右手在裡。

隨重心下落，
左腿跟輕擦地
向左開步。

（105）

（105）

重心略左移，
兩手舉於體側

（104）

（103）

（106）　　　　　　　　　　（107）

重心移至右側，
兩臂外旋，
兩肘相合，
左手擺至胸前，
手心向上，
右手收至右腰。

手隨腰動

右手變拳

（108）

（108）

蹬腿轉腰沖拳
要猛然發力

（107）

（106）

【十八、野馬分鬃】

（109）　　　　　　　　　　　　　　　　（110）

重心移至右側，
上體稍左轉，
右拳變掌下捋，
左手以拇指爲軸，
其餘四指向右、
向下、再向下繞轉。

（112）　　　　　　　　　　　　　　　（111）

（111）

（112）

兩手舉至右肩前，
右手心朝前，
左手心朝後。

隨重心下沉，左移，
兩手向下發力。

（110）

（109）

（113）

（114）

隨重心右移，上體右轉，
兩掌自右向左畫弧。

左腳抬起隨即
向前落下

（115）

（115）

右手向體前推出

左手前插
同時上托

（114）

（113）

(116)

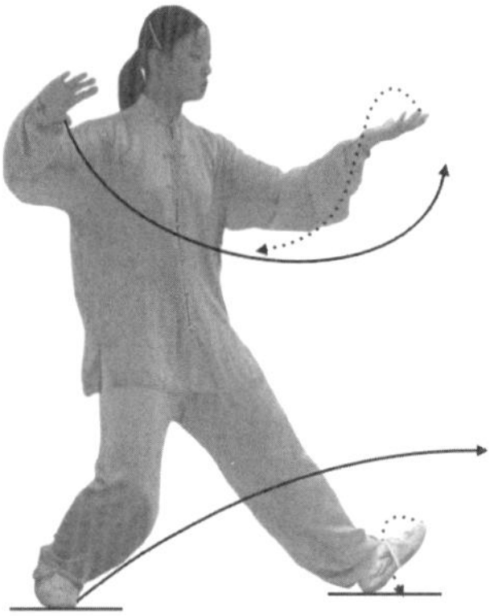

(117)

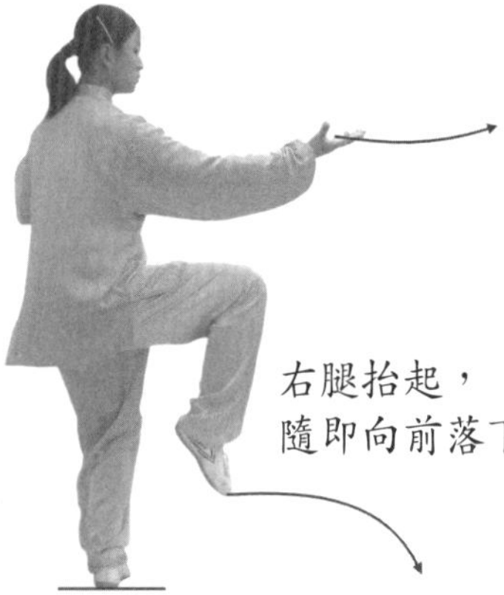

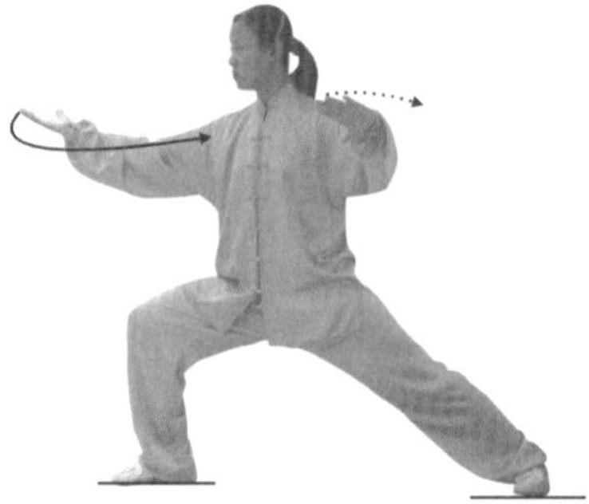

(118)

（118）

（117）

（116）

（121）

 （120）

重心右移，上體右移，
左腳尖隨之內扣，
右掌翻轉向外，
橫掌擺於身體右側，
左掌自左向下，
經腹前向右畫弧，
掌心隨之翻轉向上，
目隨左掌。

（119）

【十九、雲手】

上下協調、勁力連綿不斷

（119）

重心左移，
右腳尖內扣，
上體左轉；
右前臂內旋，
右掌心向上，
左掌微向左撐。

（120）　　　　　　（121）

（124）

（123）

重心右移，
上體右轉；
右掌自左經面前
向右畫弧，
右掌向下經腹前
向右畫弧。

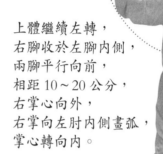

上體繼續左轉，
右腳收於左腳內側，
兩腳平行向前，
相距 10～20 公分，
右掌心向外，
右掌向左肘內側畫弧，
掌心轉向內。

（122）

（122）

重心左移，上體左轉，
左掌掌心向內；
自右向上，向左，
經面前畫弧，
指尖與肩同高，
右掌向下經腹前向左畫弧，
掌心由外轉向內。

（123）

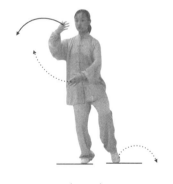

（124）

（127） （126）

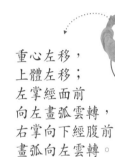

重心左移，
上體左移；
左掌經面前
向左畫弧雲轉，
右掌向下經腹前
畫弧向左雲轉。

（125）

（125）

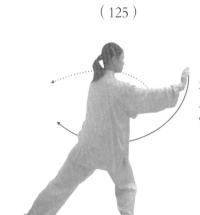

右掌心轉向外，
左掌雲至右肘內側，
掌心轉向內。

（126）

（127）

（131）

（130）

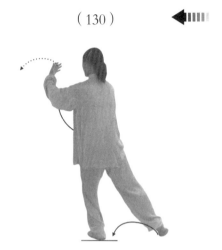

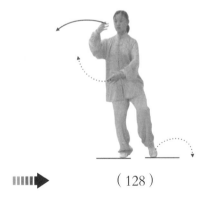

（128）

（129）

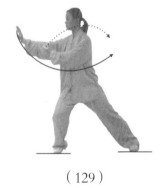

（129）　　　　　　　　　　　　　（128）

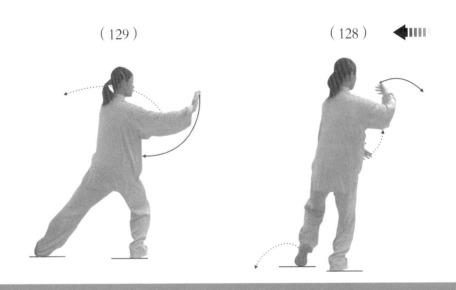

（130）　　　　　　　　　　　　　（131）

（135）　　　　　　　　　（134）

鬆活圓靈，
上下協調。

右腳稍內扣

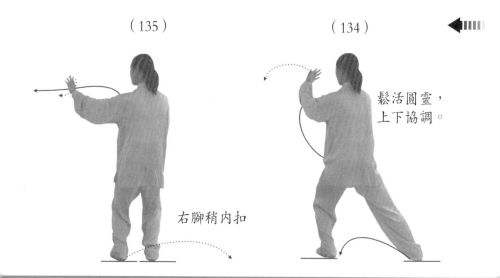

（132）　　　　　　　　（133）

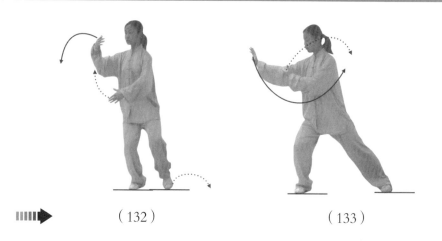

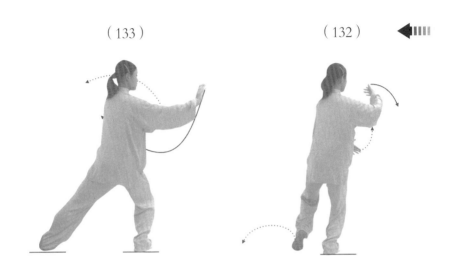

（133）　　　　　（132）

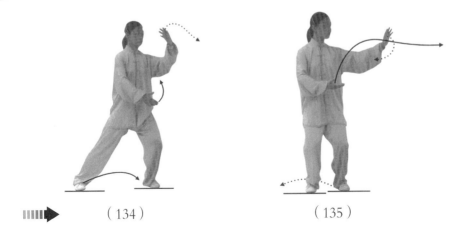

（134）　　　　　（135）

（139）

（138）

右腳上抬

兩手變拳，
右手收至襠前
腳尖上翹並內扣。

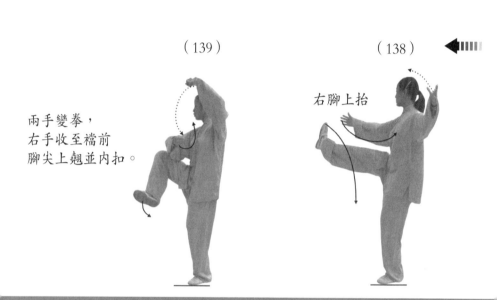

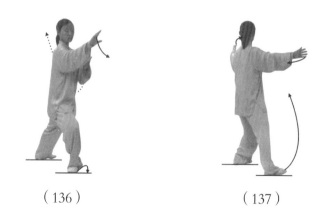

（136）

（137）

【十六、獨立打虎】

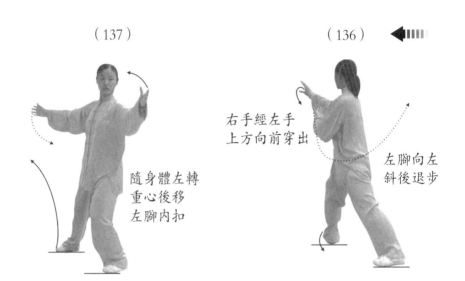

（137）　　　　　　　（136）　◄ ▮▮▮

右手經左手
上方向前穿出

隨身體左轉
重心後移
左腳內扣

左腳向左
斜後退步

▮▮▮► 　（138）　　　　　（139）

（141）

右臂與右腿
上下相對

（140）

【二十一、右分腳】

（140）

兩拳變掌
相交於胸前

（141）

（144）

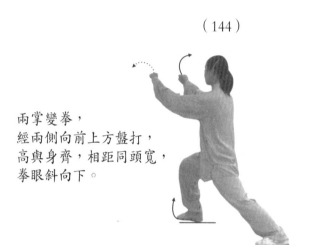

兩掌變拳，
經兩側向前上方盤打，
高與身齊，相距同頭寬，
拳眼斜向下。

（142）

（143）

【二十二、雙峰貫耳】

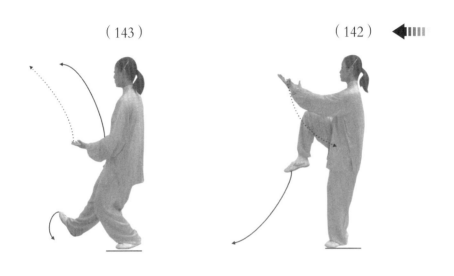

（143）　　　　　　　（142）

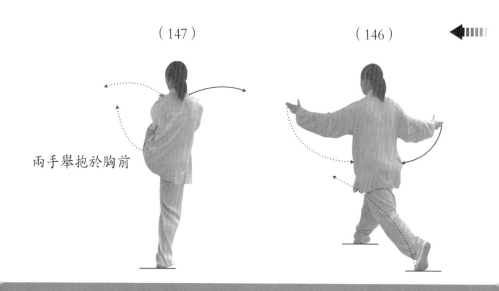

（147）　　　　　　　　　　（146）

兩手舉抱於胸前

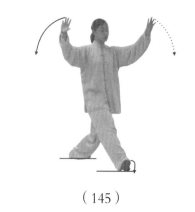

（145）

【二十三、左分腳】

（145）

隨重心後移，
右腳尖外擺，
兩拳變掌左右分開，
掌心向外。

（146）

（147）

【二十四、轉身拍腳】

（150）

身體以右腳掌爲軸，
向右後轉身 180°，
左腳尖隨體轉內扣落地；
兩掌從兩側經腹前畫弧下落。

（148）

（149）

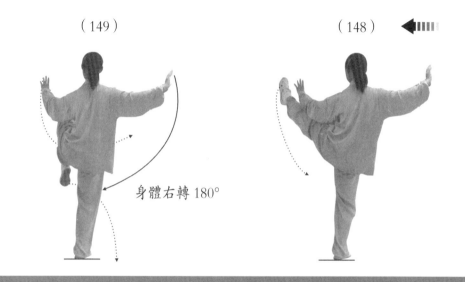

（149）　　　　　　　　　　（148）

身體右轉180°

（150）

（154）　　　　　　　　　　　　　（153）◀▮▮▮▮

右手拍擊
右腳腳面

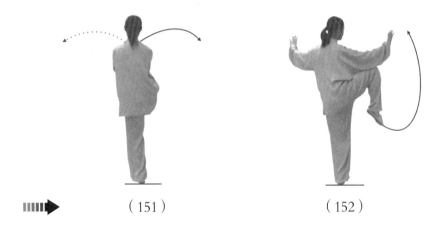

▮▮▮▶　　　　（151）　　　　　　　　　（152）

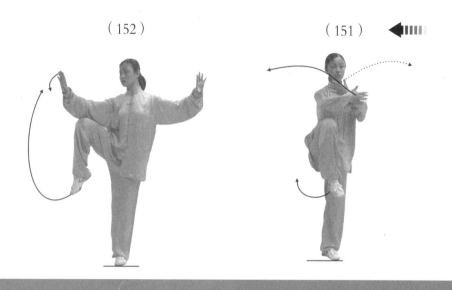

（152）　　　　　　　　　　　（151）

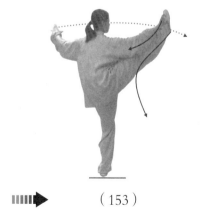

（153）

（154）

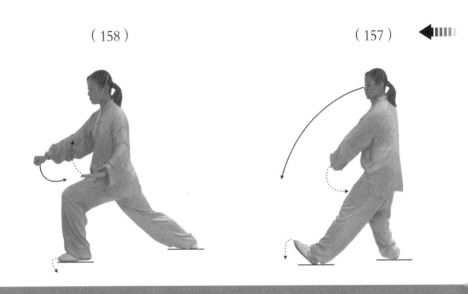

（158） （157） ◄▮▮▮▮

▮▮▮▮► （155） （156）

【二十五、進步栽捶】

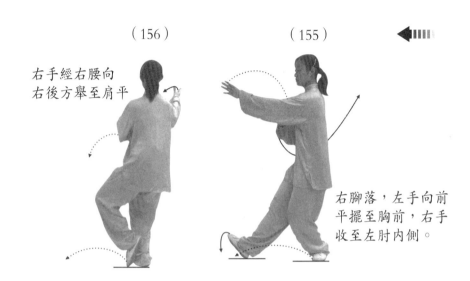

（156）　　　　　（155）

右手經右腰向
右後方舉至肩平

右腳落，左手向前
平擺至胸前，右手
收至左肘內側。

（157）　　　　　（158）

（162）　　　　　　　　（161）

身體向右斜靠

（159）　　　　　　　　（160）

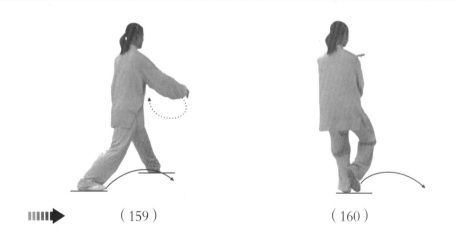

【二十六、斜飛勢】

（160）

（159）

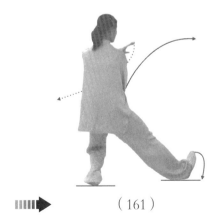

（161）

（162）

（165）

（163）　　　　　　　　　　　　　　（164）

【二十七、單鞭下勢】

（164）　　　　　　　　　　（163）　◀▮▮▮▮

左掌變勾手

左腳全蹲
立身中正
成仆步

▮▮▮▮▶　　　　　　（165）

（170）　　　　　（169）　　　　　（168）

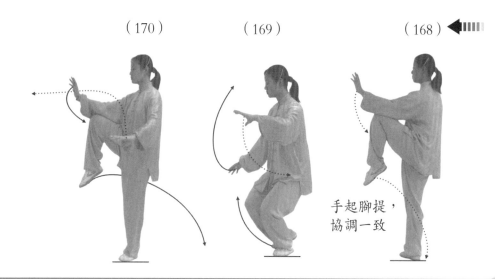

手起腳提，
協調一致

（166）　　　　　　　　（167）

【二十八、 金雞獨立】

提膝挑掌，協調一致

（167）　　　　　（166）　◀▮▮▮

勾手變掌

腳尖外擺
獨立支撐

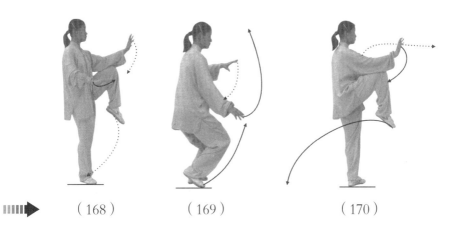

▮▮▮▶　（168）　（169）　（170）

【二十九、退步穿掌】

（171）

左手從右臂上方穿出

（173）

（172）

【三十、虛步壓掌】

（172）

隨上體右轉，
左腳內扣。

（173）

（171）

IIII▶ （174）

頭領身正

兩手虎口相對

（176）

（175） ◀IIII

【三十一、獨立托掌】

（175）

（176）

左掌手心向外

（174）

【三十二、馬步靠】

（177）

（178）

（180）

（179）

（179）　　　　　　　　　　（180）

左掌變拳

右掌附於左前臂
左拳拳心向外

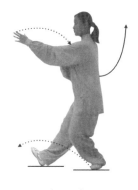

（178）　　　　　　　　　（177）

【三十三、轉身大捋】

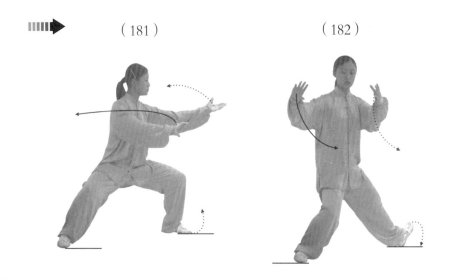

（181）　　　　　　（182）

（184）　　　　　　（183）

（183）　（184）

右腳尖外擺

向上托掌

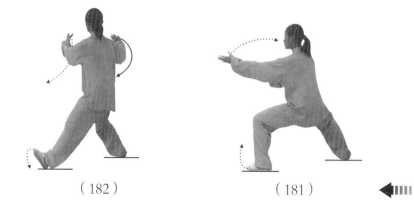

（182）　（181）

（185）

兩手後将

（186）

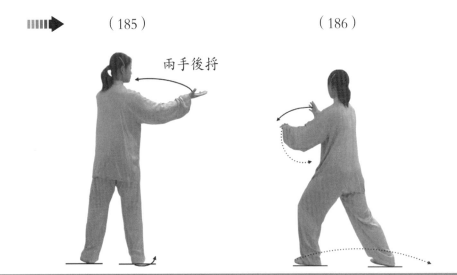

（188）

（187）

（187）

兩手變拳

身體左轉
左腳向斜後落腳

（188）

右前臂旋內，
使拳心向裡。

（186）

（185）

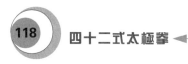
【三十四、歇步擒打】

（189）

右拳心向外

左前臂旋內，
拳心向後。

（190）

（190）

腰轉手撐
左拳變掌

左前臂旋外
使左掌心向前

（189）

（191）

左手向下按壓
掌心向下

右腳尖外擺

（192）

左手由掌變拳，
右手拳心向上，
經左手上方向前
沖打。

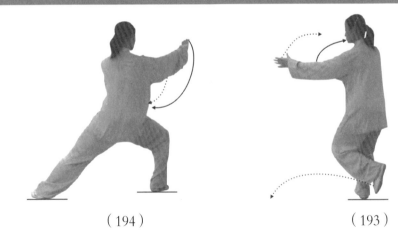

（194）

（193）

【三十五、穿掌下勢】

（193）　　　　　（194）

（192）　　　　　（191）

（195） （196）

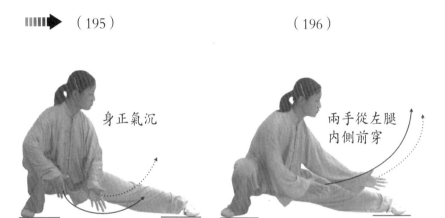

身正氣沉

兩手從左腿
內側前穿

（198） （197）

【三十六、上步七星】

（197）　　　　　　（198）

（196）　　　　　　（195）

（199）

左拳在裡，拳心向裡，
右拳在外，拳心向外。

（202）　　　　　（201）　　　　　（200）

【三十七、退步跨虎】

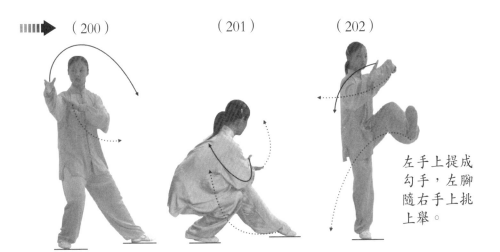

（200）　　　（201）　　　（202）

左手上提成
勾手，左腳
隨右手上挑
上舉。

（199）

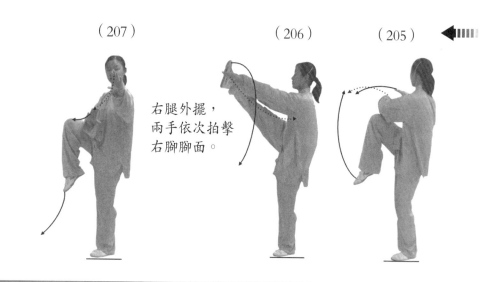

（207）　　　　　　　（206）　　　　　　（205）

右腿外擺，
兩手依次拍擊
右腳腳面。

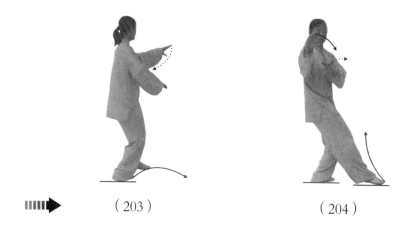

（203）　　　　　　　　（204）

【三十八、轉身擺蓮】

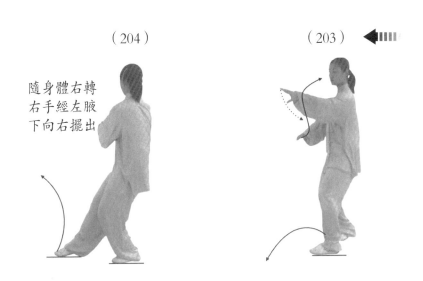

（204）　　　　　　　　　　（203）

隨身體右轉
右手經左腋
下向右擺出

（205）　　　　（206）　　　　（207）

（210）

左掌經面部
向前打出，
高與鼻平。

（208）

（209）

【三十九、彎弓射虎】

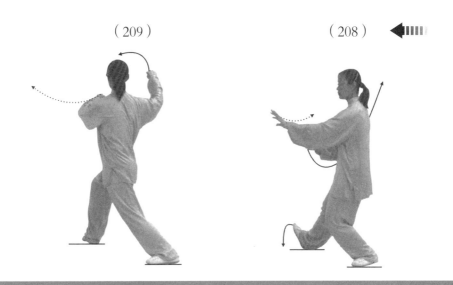

（209）　　　　　　　　　　（208）

（210）

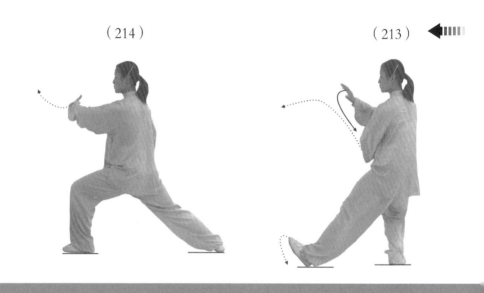

（214）　　　　　　　　　　（213）

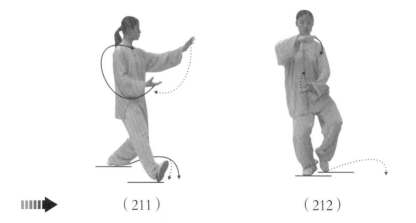

（211）　　　　　　　　　　（212）

【四十、左攬雀尾】

動作前後連貫，上下協調

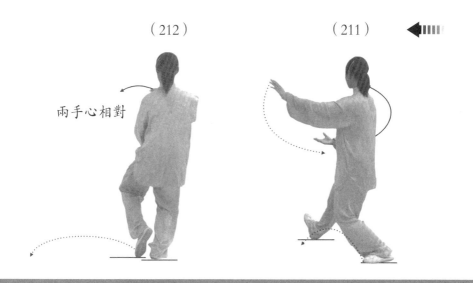

（212）　　　　　　　（211）

兩手心相對

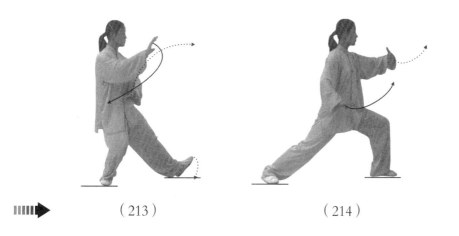

（213）　　　　　　　（214）

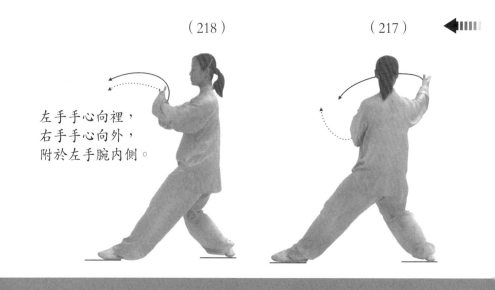

（218）　　　　　　　　　　　　　（217）

左手手心向裡，
右手手心向外，
附於左手腕內側。

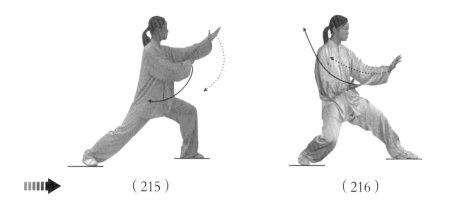

（215）　　　　　　　　　　　　（216）

（216）　　　　　（215）

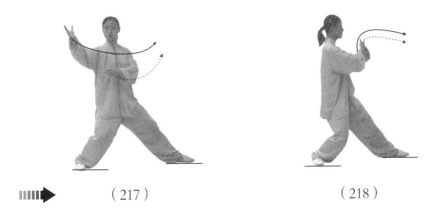

（217）　　　　　（218）

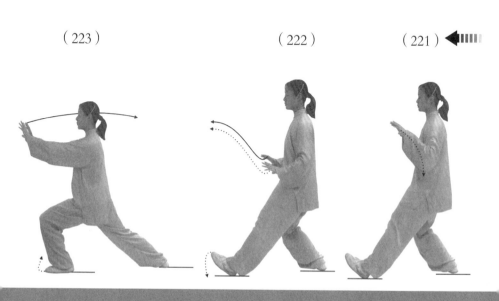

（223）　　　　　　　　　（222）　　　　　　　　　（221）

（219）　　　　　　　　　（220）

（220） （219）

右掌經左掌上伸出，
分掌與肩寬

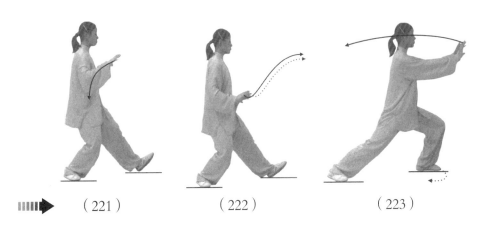

（221） （222） （223）

【四十一、十字手】

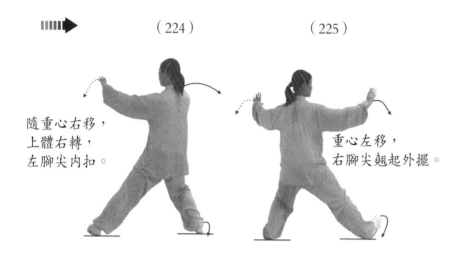

（224）

（225）

隨重心右移，
上體右轉，
左腳尖內扣。

重心左移，
右腳尖翹起外擺。

（227）

（226）

（226）　　　　　　　（227）

左掌在裡
右掌在外
掌心向裡
隨兩手合抱
右腳尖內扣

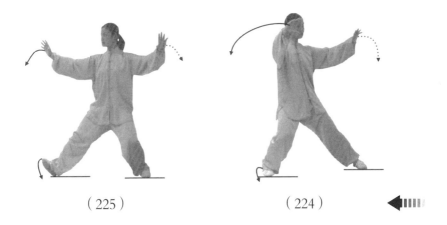

（225）　　　　　　　（224）

【四十二、收勢】

▸ （228）　　　　　（229）

兩前臂內旋，
兩手掌心向下分開，
與肩同寬

（232）　　　　（231）　　　　（230）　　◂

（230）

手落氣沉

（231）

（232）

（229）

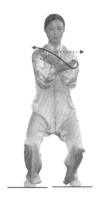

（228）

主 編 簡 介

　　溫力，男，河北省蠡縣人，漢族，1943 年 11 月生。1967 年畢業於武漢體育學院，1981 年武漢體育學院研究生畢業留校任教。現任武漢體育學院武術系教授。1985 年獲教育學碩士學位，是中國第一批獲得碩士學位的武術專業工作者之一。自幼隨父母（中國著名的武術界前輩）溫敬銘、劉玉華兩位教授學習武術，有堅實的武術技術和理論基礎。多年來從事武術教學工作，對武術基礎理論有較深入的研究，多次擔任國內外重大比賽的武術裁判。

導引養生功

1 疏筋壯骨功＋VCD

定價350元

2 導引保健功＋VCD

定價350元

3 頤身九段錦＋VCD

定價350元

4 九九還童功＋VCD

定價350元

5 舒心平血功＋VCD

定價350元

6 益氣養肺功＋VCD

定價350元

7 養生太極扇＋VCD

定價350元

8 養生太極棒＋VCD

定價350元

9 導引養生形體詩韻＋VCD

定價350元

10 四十九式經絡動功＋VCD

定價350元

張廣德養生著作　每冊定價350元

全系列為彩色圖解附教學光碟

輕鬆學武術

1 二十四式太極拳＋VCD
定價250元

2 四十二式太極拳＋VCD

定價250元

3 八式十六式太極拳＋VCD

定價250元

4 三十二式太極劍＋VCD

定價250元

5 四十二式太極劍＋VCD

定價250元

6 二十八式木蘭拳＋VCD

定價250元

7 三十八式木蘭扇＋VCD

定價250元

8 四十八式太極劍木蘭劍＋VCD

定價250元

彩色圖解太極武術

1 太極功夫扇

定價220元

2 武當太極劍

定價220元

3 楊式太極劍

定價220元

4 楊式太極刀

定價220元

5 二十四式太極拳＋VCD
定價350元

6 三十二式太極劍＋VCD
定價350元

7 四十二式太極劍＋VCD
定價350元

8 四十二式太極拳＋VCD

定價350元

9 楊式十六式太極劍拳

定價350元

10 楊氏二十八式太極拳＋VCD

定價350元

11 楊式太極拳四十式＋VCD

定價350元

12 陳式太極拳五十六式＋VCD

定價350元

13 吳式太極拳五十六式＋VCD
定價350元

14 精簡陳式太極拳八式十六式
定價220元

15 精簡吳式太極拳三十八式 拳架・推手

定價220元

16 夕陽美功夫扇

定價220元

17 綜合四十八式太極拳＋VCD

定價350元

18 三十二式太極拳 四段

定價220元

19 楊式三十七式太極拳＋VCD

定價350元

20 楊氏五十一式太極劍＋VCD

定價350元

21 嫡傳楊家太極拳精練二十八式

定價220元

22 嫡傳楊家太極劍五十一式

定價220元

23 嫡傳楊家太極刀十三式

定價220元

醫療養生氣功

定價250元

2 中國氣功圖譜

定價250元

3 少林醫療氣功精粹

定價250元

4 龍形實用氣功

定價220元

5 魚戲增視強身氣功

定價220元

7 道家玄牝氣功

定價200元

仙家秘傳祛病功

定價160元

9 少林十大健身功

定價180元

10 中國自控氣功

定價250元

11 醫療防癌氣功

定價250元

12 醫療強身氣功

定價250元

13 醫療點穴氣功

定價250元

中國八卦如意功

定價180元

15 正宗馬禮堂養氣功

定價420元

16 秘傳道家筋經內丹功

定價300元

17 三元開慧功

定價250元

18 防癌治癌新氣功

定價180元

19 禪定與佛家氣功修煉

定價200元

顛倒之術

定價360元

21 簡明氣功辭典

定價360元

22 八卦三合功

定價230元

23 朱砂掌健身養生功

定價250元

24 抗老功

定價230元

25 意氣按穴排濁自療法

定價250元

健身祛病小功法

定價200元

28 張氏太極混元功

定價250元

30 中國少林禪密功

定價200元

31 郭林新氣功

定價400元

32 八卦之源與健身養生

定價280元

33 現代原始氣功1

定價400元

開脈太極

定價300元

35 通靈功一養生祛病及入門功法

定價300元

37 太極內功養生法

定價180元

38 無極養生氣功

定價200元

39 氣的實踐小周天健康法

定價200元

40 達摩易筋經

定價350元

國家圖書館出版品預行編目資料

四十二式太極拳(附VCD)／王　飛 編著
－初版－臺北市，大展，2007【民96】
面；21 公分－（輕鬆學武術；2）
ISBN 978-957-468-542-4（平裝；附影音光碟）

1. 太極拳
528.972　　　　　　　　　　　96008314

四十二式太極拳(附 VCD)　ISBN:978-957-468-542-4

編 著 者／王　　飛
責任編輯／蔡 榮 春
發 行 人／蔡 森 明
出 版 者／大展出版社有限公司
社　　址／台北市北投區（石牌）致遠一路 2 段 12 巷 1 號
電　　話／(02) 28236031・28236033・28233123
傳　　真／(02) 28272069
郵政劃撥／01669551
網　　址／www.dah-jaan.com.tw
E-mail／service@dah-jaan.com.tw
登 記 證／局版臺業字第 2171 號
承 印 者／傳興印刷有限公司
裝　　訂／建鑫裝訂有限公司
排 版 者／弘益電腦排版有限公司
授 權 者／湖北科學技術出版社
初版 1 刷／2007 年（民 96 年） 7 月
初版 2 刷／2010 年（民 99 年） 1 月　　　　定價／250 元